I0491583

Caligrafía de la Fuente del Tao

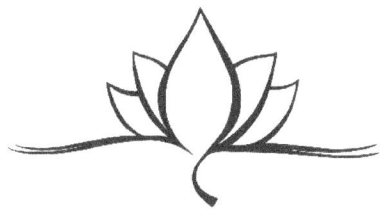

Caligrafía de la Fuente del Tao

Dibujando tu Camino hacia El Tao

Dr. y Maestro Zhi Gang Sha

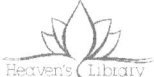 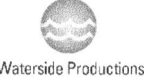

Heaven's Library Publication Corp.
30 Wertheim Court, Unit 27D
Richmond Hill, ON L4B 1B9
Canada

Heaven's Library Publication Corp.
www.heavenslibrary.com
heavenslibrary@drsha.com

Waterside Press
2055 Oxford Avenue
Cardiff, CA 92007
www.waterside.com

ISBN : 978-1-957807-34-8 print-on-demand
ISBN : 978-1-957807-35-5 e-book

Traducido por Irma Paredes

Diseño: Lynda Chaplin
Diseño de la portada: Henderson Ong

Contenido

Lista de Figuras   vii

Prólogo del Profesor Lin Xu Wang   ix

Prólogo del Profesor Da Jun Liu   xi

Introducción   xiii

1. Caligrafía Tradicional China y Caligrafía de la Fuente del Tao   1

Breve historia de la Caligrafía Tradicional China   1

Yi Bi Zi   2

Poder y Significado de la Caligrafía de la Fuente del Tao   2

2. Prepárate para Escribir La Caligrafía de la Fuente del Tao   5

Herramientas de Escritura   5

Cepillo   5

Tinta   6

Tintero   7

Papel   7

Posturas corporales   8

Técnicas de Práctica: Calcar y Copiar   9

3. Conocimientos Básicos para Escribir La Caligrafía de la Fuente del Tao   13

Trazos básicos: Ocho principios del carácter 永 (*yǒng*)   13

Reglas de Oro del Orden de los Golpes   14

Regla de Oro 1: de arriba a abajo   14

Regla de Oro 2: De izquierda a derecha   14

Regla de Oro 3: Horizontal antes que vertical   14

Regla de Oro 4: Completar primero el recinto   15

Regla de Oro 5: Completar primero el centro   15

Trazos y Estructura Espacial en la Caligrafía de la Fuente del Tao   15

Espaciar las partes izquierda y derecha de forma flexible para lograr el equilibrio   15

La parte inferior apoya a la parte superior   16

La parte superior cubre la parte inferior   16

Yin (trazo) y yang (conexión) de los caracteres   16

Belleza de la Caligrafía de la Fuente del Tao   17

4. Experimenta el Poder de la Caligrafía de la Fuente del Tao   **19**

Canción del Alma Divina *Amor, Paz y Armonía*   19

Fuente del Tao Caligrafía *Xiang Ai Ping An He Xie*   21

Poder y Significado del Amor (相愛, *xiāng ài*)   21

Poder y Significado de la Paz (平安, *píng ān*)   22

Poder y Significado de la Armonía (和谐, *hé xié*)   22

Practicar con la Caligrafia de la Fuente del Tao *Xiang Ai Ping An He Xie* 23

Practicar para sanar y transformar todos los aspectos de la vida   23

Práctica para traer el amor, la paz y la armonía a todos los aspectos de la vida   25

Conclusión   27

Lista de Figuras

1. Cinco estilos principales de caligrafía china, además de la Caligrafía de la Fuente del Tao (Yi Bi Zi)

2. Cuatro tesoros del estudio y otros accesorios de caligrafía China

3. Escribir con una postura corporal sentada

4. Escribir en una postura corporal de pie

5. Método de sujeción del cepillo de cinco dedos

6. Técnica de Trazar de potencia de cinco elementos

7. Dan Técnica de trazado de la potencia

8. Paño de escritura al agua reutilizable

9. El carácter 永 (yǒng) y el orden de escritura de los trazos

10. Orden de trazos para 天 (tiān)

11. Orden de trazos para 地 (dì)

12. Orden de trazos para 十 (shí)

13. Orden de trazos para 日 (rì)

14. Orden de trazos para 水 (shuǐ)

15. Yin Yang

16. Tao

17. He

18. Zhong

19. Pancarta horizontal, *Xiang Ai Ping An He Xie*

20. Pergamino central, *Tao Guang*

21. Desplazamiento vertical, *Ming Xin Jian Xing*

22. Cubierta del ventilador, *larga*

23. Pareja, *Zhi Yu Bai Bing, Yu Fang Bai Bing*

24. Caligrafia de la Fuente del Tao *Xiang Ai Ping An He Xie*, 相愛平安和谐

25. Vía de trazado de la unidad para la Caligrafía de la Fuente del Tao *Xiang Ai Ping An He Xie*

Prólogo del Profesor Lin Xu Wang

L A CALIGRAFÍA CHINA es un arte visual muy conocido, profundamente honrado por sus beneficios para nutrir la mente, elevar el espíritu, mejorar la salud y prolongar la vida. La Filosofía Taoísta China de la naturaleza, la armonía entre el hombre y la naturaleza y la consecución de la longevidad son cosas con las que sueñan muchos chinos, pero es la primera vez en mi vida que oigo que la Caligrafía China y la Filosofía Taoísta se unen ingeniosamente para servir a la humanidad con la máxima potencia. Me siento muy privilegiado por haberlo experimentado en persona.

En Diciembre de 2016, tuve el honor de conocer al Dr. y Maestro Sha a través de un amigo común, y tuve la oportunidad de apreciar su creación de Caligrafía de la Fuente del Tao. Como pintor profesional chino, mi primer juicio artístico fue que se trataba realmente de una obra maestra del arte. Su belleza radica en sus formas cursivas extremadamente simplificadas, su dinamismo fluido y sus ondulaciones rítmicas. Cada carácter está lleno del espíritu filosófico de la caligrafía china y de la creación de lo divino. La escritura de estilo de unicidad y la composición equilibrada también reflejan la verdad de la filosofía taoísta china: la naturaleza de la unicidad.

Creo en el poder sobrenatural, pero tengo que verlo para creerlo. El libro anterior del Maestro Sha, *Tao Calligraphy*,[1] está lleno de energía positiva y vitalidad, como un libro de oráculos. Cualquier cosa que pidas, la recibirás. Si deseas buena salud, se abrirá la página de las bendiciones para la buena salud. Si deseas estudiar con éxito, aparecerán las bendiciones para tu inteligencia y aprendizaje. Fui testigo de cómo alguien rezaba para estudiar bien en la escuela, y surgió la página de la caligrafía "Ming Xin Jian Xing", que significa *purifica tu corazón para ver tu verdadera sabiduría*. Me conmovió profundamente este milagroso poder divino. Después de probar la Técnica del Poder Trazar de la Caligrafía de la Fuente del Tao (parte inferior del abdomen), también recibí un resultado de sanación física inmediata.

El Maestro Sha domina no sólo el taoísmo, sino también la Medicina Tradicional China y la Medicina Occidental. Con su extraordinario logro de integrar la Caligrafía y la Filosofía Taoísta, es un gran maestro del arte. Su caligrafía está llena del espíritu filosófico taoísta. Los trazos de su flujo totalmente natural forman una obra de arte celestial. Los lectores de este libro pueden recibir bendiciones para la salud física y mental, y para la prosperidad en la vida. El estado más elevado tanto

---

[1] *Tao Calligraphy: Sacred Source Power for Healing, Rejuvenation, Longevity, and Immortality*. Toronto: Heaven's Library Publication Corp., 2015.

de la naturaleza como del arte caligráfico es fluir suavemente sin obstáculos. Esto no puede ser alcanzado por el trabajo caligráfico general. Sin embargo, con este estado más elevado de poder, la Caligrafía de la Fuente del Tao trae el shen qi jing (alma, corazón, mente, energía, materia) del Cielo, la Tierra y de la Fuente del Tao en el arte caligráfico para cumplir con las más altas aspiraciones de la filosofía china del universo que todo lo abarca.

La Caligrafía de la Fuente del Tao utiliza la caligrafía como soporte para transferir el shen qi jing de la Fuente del Tao al Cielo, la Tierra, los seres humanos y todas las cosas. Crea un puente sagrado para unirlos a todos. En una frase, la Caligrafía de la Fuente del Tao es un arte excepcional, que une la filosofía taoísta y la caligrafía china como una sola, armonizando el hombre y la naturaleza como uno, y uniendo el shen qi jing como uno. Es un precioso regalo que el Maestro Sha y China presentan al mundo.

Debido a la similitud de las herramientas y los materiales utilizados en la creación de caligrafías y pinturas, la caligrafía y la pintura chinas se denominan comúnmente artes hermanas, llamadas colectivamente Arte de la Pintura y Caligrafía Chinas. Son la esencia de los tesoros culturales y artísticos del mundo y pueden interpretarse y apreciarse como parte de la cultura tradicional china, independientemente de la historia. Por lo tanto, espero que el Maestro Sha y yo podamos realizar más intercambios y debates académicos en el futuro para integrar nuestras obras: La Caligrafía de la Fuente del Tao del Maestro Sha y mi pintura. Estoy dispuesto a unir su extraordinaria obra caligráfica con mis habilidades pictóricas.

El Maestro Sha es un tesoro nacional Chino, un talento raro en China y en el mundo.

Somos uno para servir a toda la humanidad,

Profesor Lin Xu Wang
Decano de la Academia Estatal de Pintura Étnica

Prólogo del Profesor Da Jun Liu

S I LOS PECES viven en aguas contaminadas, enfermarán o morirán. Es un hecho sencillo. Para salvar a los peces, el agua debe estar limpia. Del mismo modo, si los seres humanos viven en un entorno contaminado, su salud física y mental se verá contaminada y, finalmente, enfermarán y vivirán poco. La contaminación del medio ambiente incluye la contaminación externa (por ejemplo, del aire, del agua, del suelo, de los alimentos) y la contaminación interna (por ejemplo, de la mente, del corazón, de la energía). La contaminación del entorno natural externo está causada por la contaminación interna de la mente y el corazón humano. Por lo tanto, para salvar a una persona, hay que purificar su mente, su cuerpo y su espíritu.

Hace treinta años, el Dr. Zhi Gang Sha empezó a utilizar la acupuntura y la medicina tradicional china para salvar a personas de todo el mundo. Así, domina los meridianos y el equilibrio yin-yang del cuerpo humano. Con su rica experiencia en tratamientos médicos y otros estudios, el Dr. Sha creó la Caligrafía de la Fuente del Tao. Utiliza un pincel de caligrafía china en lugar de una aguja de acupuntura, junto con trazos de caligrafía, para conectar la energía cósmica positiva con la mente, el cuerpo y el espíritu humano. De este modo, se pueden sanar diversas enfermedades causadas por la contaminación interna y externa y, finalmente, se puede alcanzar la buena salud y la longevidad.

La primera vez que aprecié la Caligrafía de la Fuente del Tao del Dr. Sha fue en 2013. También fue cuando escribí el prólogo de lo que se convertiría en otro de sus bestsellers número uno *del New York Times, Milagros Sanadores del Alma*.[2] Ahora estamos en 2017, y su Caligrafía de la Fuente del Tao ya no es la misma. Cuando me enteré de que este libro guía de la Caligrafía de la Fuente del Tao se publicaría pronto para el beneficio de más personas, me complació mucho escribir este prólogo.

Para explorar mejor la energía cósmica positiva en su Caligrafía de la Fuente del Tao, el Dr. Sha hace hincapié en el movimiento de la zona del Dan Tian. La zona del Dan Tian (parte inferior del abdomen) es la fuente de energía del cuerpo humano, así como la zona central de práctica para los practicantes taoístas desde hace miles de años. Según la teoría de la medicina china, la energía mueve la sangre. Por lo tanto, cuando se traza una Caligrafía de la Fuente del Tao con el abdomen,

---

[2] *Milagros Sanadores del Ama. Antigua y nueva sabiduría, conocimiento y prácticas técnicas sagradas para la sanación de los cuerpos espiritual, mental, emocional y físico*. Barcelona: Ediciones Obelisco, 2016.

la energía cósmica contenida en la caligrafía impulsará el flujo sanguíneo, y luego sanará su enfermedad.

El *I Ching* dice que el nivel más alto de sabiduría es trascender la sabiduría, el conocimiento y el espíritu. Cuando uno alcanza este increíble estado, será capaz de hacer frente a todas las circunstancias de forma natural, lo que constituye el logro más elevado. Esta es también la explicación clásica de la Caligrafía de la Fuente del Tao. Trascender la sabiduría, el conocimiento y el espíritu" es hacer que nuestra sabiduría y conocimiento se fundan con nuestro espíritu. Esta función puede describirse utilizando la Caligrafía de la Fuente del Tao para purificar nuestra mente, cuerpo y espíritu con el fin de alcanzar el bienestar físico. En la naturaleza, hay cuatro estaciones o ciclos en un año. El amanecer y el atardecer de cada día encarnan el espíritu de las leyes naturales. La Caligrafía de la Fuente del Tao expresa este espíritu filosófico con su estilo de escritura de unidad fluida y la armonización entre el hombre y la naturaleza. Cuando trazamos una Caligrafía de la Fuente del Tao, estamos conectando con la energía del Campo de la Fuente del Tao, que penetrará y nutrirá nuestro cuerpo. Por lo tanto, nuestros órganos internos, sistemas y partes del cuerpo se purificarán para lograr la sanación, el rejuvenecimiento y la longevidad.

Podemos decir que cada carácter de una Caligrafía de la Fuente del Tao es coherente con el campo energético del universo. Transforma la esencia de la energía cósmica en el cuerpo humano para purificar la mente, el cuerpo y el espíritu. Es la razón por la cual la Caligrafía de la Fuente del Tao tiene una energía y un poder tan especial. Creo que este es el propósito del Dr. Sha: crear la Caligrafía de la Fuente del Tao, que llevará a la humanidad a entrar en una era auspiciosa.

Profesor Da Jun Liu
Erudito *del I Ching*
Universidad de Shandong, China

Introducción

L A CALIGRAFIA CHINA es un arte visual que evolucionó a partir de la escritura normal. Se ha practicado y honrado ampliamente en China y en muchos otros países asiáticos, sobre todo en Japón, Taiwán, Corea, Singapur y Vietnam. Se puede apreciar sin conocer el idioma chino. Es un arte muy respetado junto con la pintura, la poesía, la danza y la música.

El objetivo último de la Caligrafía China es utilizar trazos de pincel aparentemente sin vida -puntos, líneas y curvas- para crear imágenes vívidas que expresen los sentimientos profundos y las sensibilidades más íntimas del calígrafo. Los chinos creen que una sola caligrafía puede revelar completamente los secretos de la visión de la vida, el carácter, la experiencia y la educación de su autor. Una caligrafía maravillosa es un poema sin palabras, una danza sin movimiento, un retrato sin figuras y una sinfonía sin sonido. El estudio de la caligrafía china es un excelente medio de autodesarrollo para lograr la armonía interior.

Este libro se centra en el estilo especial de caligrafía china llamado Yi Bi Zi. Yī Bǐ Zì[3] (一笔字) significa *carácter de un solo trazo*. Utiliza un solo trazo para completar un carácter Chino, incluso uno que requiere veinte o más trazos individuales en la escritura estándar tradicional. El Yi Bi Zi es una de las artes visuales más extraordinarias y profundas de la historia de China.

Aprendí el Yi Bi Zi de la Profesora Qiu Yun Li, y me siento muy honrado de haberme convertido en su único poseedor del linaje. La Profesora Li tiene más de cien años. Es una de las principales expertas en lengua China del mundo. Aprendió el Yi Bi Zi de Tài Shī (太师, *maestro supremo*), que fue el maestro del último emperador y de los hijos de la familia real en la dinastía Qing (1644–1912), la última dinastía imperial de China. Es un gran honor para mí llevar adelante este profundo arte chino. El agradecimiento de mi corazón y mi alma va más allá de cualquier palabra y comprensión.

Como siervo Divino de la humanidad, he transmitido tesoros de sanación y bendición desde 2003. En 2013, los Comités Divino y Tao (la Fuente) me bendijeron para transmitir sus tesoros permanentes en mis caligrafías, transformando mis caligrafías Yi Bi Zi en tesoros sagrados de sanación y

---

[3] En este libro, añadimos marcas tonales al Pinyin. El pinyin es el estándar moderno para la romanización del Mandarin Chino. El chino mandarín hablado utiliza cuatro tonos básicos, con un quinto tono "sin tono". Escuche esta guía de pronunciación: https://chinese.yabla.com/ chinese-pinyin-chart.php y vea https://en.wikipedia.org/wiki/ Standard_Chinese_phonology #Tonesa.

bendición Divinos y Tao. Cómo llevan el poder de la Fuente del Tao, mis caligrafías son ahora Caligrafías de la Fuente del Tao.

Los tesoros del Divino y el Tao en una Caligrafía de la Fuente del Tao incluyen:

- innumerables santos en todas las capas del Cielo
- innumerables animales santos
- innumerables tesoros del alma para sanar y transformar toda la vida, lo que incluye aumentar la energía, la resistencia, la vitalidad y la inmunidad; sanar y prevenir enfermedades; nutrir y rejuvenecer el alma, el corazón, la mente y el cuerpo; prolongar la vida; equilibrar las emociones; eliminar la negatividad, el ego, los apegos y otros bloqueos mentales; transformar las relaciones; transformar las finanzas y los negocios; aumentar la sabiduría y la inteligencia del alma, el corazón, la mente y el cuerpo; abrir canales espirituales; purificar e iluminar el alma, el corazón, la mente y el cuerpo; y llevar el éxito y la abundancia a todos los aspectos de la vida.

¿Cómo puede hacer esto una Caligrafía de la Fuente del Tao? En mi enseñanza, todos y todas las cosas están hechas de jing qi shen. Jīng (精) es la *materia*. Qì (气) es la *energía*. Shén (神) incluye el *alma, el corazón* y la *mente*. Un ser humano está hecho de jing qi shen. ¿Por qué se enferma la gente? ¿Por qué envejece la gente? Es porque su jing qi shen está desalineado. Esto se explica por la Gran Teoría de Unificación del Sistema de Ciencia Alma Mente Cuerpo que la Dra. y Maestra Rulin Xiu y yo creamos en 2014.[4]

La ecuación clave de la Teoría de la Gran Unificación es:

$$S + E + M = 1$$

donde S es shen, E es energía o qi, y M es materia o jing. "1" denota el Campo Fuente Tao.

Si el jing qi shen de una persona está alineado como 1, esta persona está armonizada con el Campo de la Fuente del Tao y se nutre de él. La persona será feliz, saludable y vigorosa. Si los jing qi shen de una persona no están alineados como 1, la persona será infeliz, estará enferma o no podrá vivir.

Cada carácter Chino está hecho de jing qi shen. Debido a que la Caligrafía de la Fuente del Tao es una escritura de Unidad, une el jing qi shen de cada carácter Chino como uno. Cuando escribes o incluso trazas una Caligrafía de la Fuente del Tao, te conectas con el jing qi shen de un Campo de la Fuente del Tao, que nutre y bendice tu jing qi shen para que se una como uno. Por lo tanto, trazar o escribir una Caligrafía de la Fuente Tao es una práctica sagrada para la sanación, el rejuvenecimiento, la longevidad, la transformación de las relaciones y las finanzas, y mucho más. Según la

---

[4] Ver nuestro libro, *Soul Mind Body Science System: Grand Unification Theory and Practice for Healing, Rejuvenation, Longevity, and Immortality*. Dallas/Toronto: BenBella Books/Heaven's Library Publication Corp., 2014.

guía de la Fuente del Tao, los beneficios y el poder sagrado de escribir o trazar una Caligrafía de la Fuente del Tao durante diez minutos equivalen a veinticinco horas de práctica normal de meditación y canto. Esto va más allá de la comprensión y la imaginación.

En este libro, primero te enseñaré los conocimientos artísticos básicos de la Caligrafía China Tradicional y de la Caligrafía de la Fuente del Tao. Luego te guiaré paso a paso para que aprendas a trazar mis caligrafías de la Fuente del Tao. Por último, te guiaré para que practiques utilizando varios métodos y técnicas simples pero poderosas para recibir una gran sanación, nutrición y bendición que podría transformar cualquier aspecto de tu vida.

Siempre he enseñado las Cuatro Técnicas de Poder. Son:

Poder Cuerpo. Posiciones especiales del cuerpo y de las manos para la sanación y la transformación

Poder Mente. Visualización creativa

Poder Sonido. Cantar mantras sagradas y sonidos vibracionales sanativos

Poder Alma. Invocar a las almas internas dentro del propio cuerpo y a las almas externas, incluyendo el sol, la luna, la Madre Tierra, la Divinidad, la Fuente Tao y los padres y madres espirituales (santos, ángeles sanadores, arcángeles, Maestros Ascendidos, budas, bodhisattvas, lamas, gurús y otros) en el Cielo, para solicitar su sanación y bendición.

Poder Cuerpo, Poder Mente y Poder Sonido son técnicas que se han aplicado desde la antigüedad. Poder Alma es la Técnica de Poder más secreta y sagrada. Te enseñaré a combinar las Cuatro Técnicas de Poder con una quinta Técnica de Poder: trazar o escribir la Caligrafía de la Fuente del Tao, para recibir los mayores beneficios de sanación y bendición para toda la vida.

Caligrafía Tradicional China
y Caligrafía de la Fuente del Tao

L A CALIGRAFÍA CHINA tiene una larga y eminente historia. La Caligrafía de la Fuente del Tao podría considerarse su última y más elevada evolución.

Breve historia de la Caligrafía Tradicional China

Los caracteres Chinos se crearon originalmente hace unos cinco mil años como medio de comunicación con lo divino. Esta comunicación era para registrar la sabiduría del Cielo, o para adorar al Cielo, o para la adivinación. Los antiguos Chinos atribuían poderes misteriosos a los caracteres.

Durante los últimos tres mil años, los caracteres chinos se han utilizado como un lenguaje escrito normal. La caligrafía China nació y evolucionó como arte durante este periodo. Hoy en día se utilizan habitualmente cinco estilos principales de caligrafía China, según la función del texto (véase la figura 1):

- escritura del sello (篆书, *zhuàn shū*)
- escritura clerical (隶书, *lì shū*)
- escritura semicursiva (行书, *xíng shū*)
- escritura regular (楷书, *kǎi shū*)
- escritura cursiva (草书, *cǎo shū*)

La caligrafía China también ha dado lugar a la creación de otros medios artísticos relacionados en Asia Oriental, como la talla de sellos, los pisapapeles ornamentales y tintero.

Los caracteres Chinos son imágenes dinámicas. Sus orígenes son pictóricos. Están estrechamente vinculados a las energías naturales del mundo externo (la naturaleza) e interno (el cuerpo humano). Estas energías se mantienen dentro de un marco equilibrado y sostenido por un fuerte "esqueleto". Por lo tanto, en la tradición China, la escritura de la caligrafía ha desempeñado múltiples funciones en la vida. No sólo un carácter denota significados específicos, sino que su propia forma puede revelar el carácter del escritor, su nivel educativo y su integridad moral, al tiempo que manifiesta la energía de su entorno y su cuerpo.

Para el artista, la caligrafía China es uno de los ejercicios más relajantes y a la vez más disciplinados para su bienestar físico y espiritual.

Yi Bi Zi

Yī Bǐ Zì (一笔字) es la escritura de la Unidad. Es un tipo especial de escritura cursiva. El Yi Bi Zi es totalmente cursivo. Los trazos individuales de la escritura tradicional se entrecruzan y están siempre conectados. Además, suele haber una importante simplificación y abstracción. Para facilitar la conexión cursiva, a menudo se modifican los trazos o se eliminan por completo en favor de un flujo elegante y una forma hermosa. Algunos caracteres se convierten casi en símbolos abstractos, y pueden ser muy redondeados y suaves. Cuando un carácter entero se escribe con un trazo continuo sin levantar el pincel del papel, se trata de Yi Bi Zi. Incluso una frase entera puede escribirse de este modo, con conexiones continuas entre los caracteres sucesivos.

El dinamismo fluido y las ondulaciones rítmicas de Yi Bi Zi son elementos artísticos muy apreciados. La simplicidad y la abstracción de la forma de Yi Bi Zi requieren conocimientos especializados para su lectura. Escribir el Yi Bi Zi requiere una formación y una práctica intensivas. Por eso, a pesar de ser una de las artes visuales Chinas más extraordinarias y profundas, la comprensión y el aprecio del Yi Bi Zi no se han extendido mucho más allá del limitado ámbito de sus practicantes.

Poder y Significado de la Caligrafía de la Fuente del Tao

La Caligrafía de la Fuente del Tao es un estilo único de caligrafía China. Yi Bi Zi es la fundación de la Caligrafía de la Fuente del Tao. La Caligrafía de la Fuente del Tao posee la belleza artística del Yi Bi Zi, pero está reforzada con el Poder de la Bendición de la Fuente del Tao y de la Divinidad.

¿Cómo puedo crear una Caligrafía de la Fuente del Tao para bendecir cualquier aspecto de la vida? Antes de escribir una Caligrafía de la Fuente del Tao, me conecto con la Fuente del Tao y con los padres y madres espirituales del Cielo y les pido que bendigan la escritura. Después de escribir el Yi Bi Zi, me conecto con el Cielo, la Madre Tierra y los innumerables planetas, estrellas, galaxias y universos, así como con la Fuente del Tao—el Creador—para bendecir la caligrafía transmitiendo su shen qi jing (información, energía y materia) a la caligrafía. Así, la Caligrafía de la Fuente del Tao combina la belleza artística del Yi Bi Zi (escritura totalmente cursiva, escritura de la Unidad) con las transmisiones de Luz del Tao. Cada Caligrafía de la Fuente del Tao emite frecuencias y vibraciones que crean un campo de luz. Este campo de luz positiva puede nutrir todos los aspectos de la vida. Yi Bi Zi-Escritura de la Unidad-más las bendiciones del Cielo y la Fuente se convierten en la Caligrafía de la Fuente del Tao. Así es como se crea la Caligrafía de la Fuente del Tao. Por lo tanto, cada Caligrafía de la Fuente del Tao lleva un Tao Chăng (道场), un Campo de la Fuente del Tao. Con su belleza visible y su poder de bendición invisible, la Caligrafía de la Fuente del Tao va más allá del ámbito del arte.

Con el dinamismo de Yi Bi Zi combinado con la profunda medicina tradicional China y la sabiduría de la Fuente del Tao, la Caligrafía de la Fuente del Tao es un estilo único para la sanación sagrada, el rejuvenecimiento y la transformación de las relaciones, las finanzas y todos los aspectos de la vida. La información, la energía y la materia de la Fuente del Tao (shen qi jing) se transmiten en la caligrafía en consonancia con las leyes universales del Yin Yang, los Cinco Elementos y mucho más. Cada caligrafía lleva un campo de energía positiva relacionado con el significado específico de los caracteres.

Más adelante en este libro te llevaré a trazar la Caligrafía de la Fuente del Tao. Cuando te conectas con una Caligrafía de la Fuente del Tao utilizando las Cuatro Técnicas de Poder, y añades el Poder de Trazar o el Poder de Escritura, te conectas y recibes la frecuencia y la vibración del jing qi shen de la Fuente del Tao, que te nutrirá y ayudará a purificar y transformar los bloqueos en tu jing qi shen, incluyendo los bloqueos de materia (jing), energía (qi) y espirituales (shen). Su jing qi shen estará más armonizado. Se puede lograr una sanación profunda y una transformación profunda para su salud, energía, emociones, mente, relaciones, finanzas y más con el alimento del Campo de la Fuente del Tao.

La Caligrafía de la Fuente del Tao ha creado miles de resultados que tocan el corazón en todo el mundo. La mejor manera de entender esta caligrafía sagrada es experimentarla. Este es el objetivo principal de este libro.

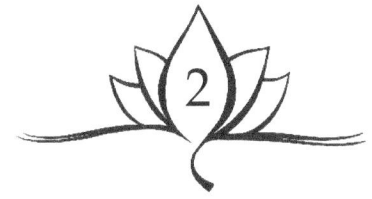

Prepárate para Escribir
La Caligrafía de la Fuente del Tao

P ARA ESCRIBIR BIEN la Caligrafía de la Fuente del Tao, son muy importantes algunos preparativos básicos. Entre ellos se encuentran la elección de los instrumentos de escritura adecuados, la adopción de las posturas corporales correctas y la aplicación de las técnicas de escritura adecuadas.

Herramientas de Escritura

Las herramientas esenciales para la caligrafía China son:

- cepillo
- tinta
- tintero
- papel

Estas herramientas se conocen como los "cuatro tesoros del estudio" (文房四宝, *wén fáng sì bǎo*), ya que los calígrafos Chinos suelen practicar en una sala especial. Cuando se aprende a escribir caligrafía China, es fundamental comprender bien las funciones, la selección, el mantenimiento y el uso de los cuatro tesoros (figura 2).

Cepillo

El pincel es el más importante de los cuatro tesoros. Los grandes calígrafos creen que el pincel es una extensión del corazón del escritor. Lo expresan todo a través de la punta del pincel. Los pinceles pueden estar hechos de una gran variedad de pelos de animales. Cada tipo de pelo tiene su propia flexibilidad y capacidad de absorción. Los pinceles pueden clasificarse por tamaño (pequeño, mediano, grande) y flexibilidad (rígido, mediano, suave). Los pinceles modernos se fabrican principalmente con pelo de cabra blanca, pelo de conejo negro, pelo de comadreja amarilla o una combinación de diferentes tipos de pelo. Cada tipo de pelo tiene su capacidad de tinta específica que dará lugar a pinceladas distintivas.

Los pinceles rígidos suelen estar hechos de pelo de lobo, cerdas de caballo salvaje o bigotes de ratón. Un pincel duro es la mejor opción para la caligrafía a pequeña escala, como la escritura regular pequeña y la escritura cursiva oscura y potente. Los pinceles suaves de pelo de cabra absorben bien la tinta. Estos pinceles tienen mayor flexibilidad, lo que permite al calígrafo más experimentado crear una mayor variedad de efectos. Los pinceles blandos son ideales para la caligrafía de sello, la caligrafía clerical y la caligrafía regular de gran tamaño. Los pinceles de pelo mixto están compuestos por dos o más tipos de pelo. Se fabrican para que no sean ni demasiado flexibles ni demasiado rígidos, y tienen algunas de las ventajas de los pinceles rígidos y blandos. Pueden utilizarse para una amplia gama de estilos caligráficos. Los pinceles de pelo mixto y flexibilidad media son los más adecuados para los principiantes.

En cuanto al tamaño, los pinceles pequeños son muy utilizados. Son la primera opción para los principiantes. Para los estudiantes principiantes de la Caligrafía de la Fuente del Tao, recomiendo encarecidamente el uso de pinceles pequeños de pelo mixto.

Además, una brocha nueva tiene el pelo pegado en forma de cono. Para eliminar la capa de pegamento y liberar los pelos, hay que remojar el pincel hasta dos tercios de su longitud en agua caliente. Al principio de cada sesión de escritura, empapa bien el pincel en agua. Esto reaviva los pelos y los hará más flexibles, protegiéndolos de los daños causados por la tinta espesa o seca. Aumentará la capacidad de absorción de los pelos, lo que facilitará su limpieza después del uso. Después de escribir, aclare bien el pincel con agua corriente limpia y fría, déle forma de cono a los pelos y cuelguenlos para que se sequen antes del siguiente uso.

Tinta

Para un buen calígrafo, la tinta tiene la misma importancia que el pincel. La tinta y el pincel deben trabajar juntos en armonía para obtener los mejores resultados. Actualmente se utilizan dos tipos principales de tinta para escribir caligrafía China:

- tinta líquida
- barritas de tinta sólida

A su vez, existen tres grandes categorías de tinta líquida: tinta de hollín de aceite, tinta de hollín de pino y tinta de hollín de carbón. Se fabrican utilizando diferentes proporciones de cola y aceite. Cada tipo es mejor para diferentes propósitos. La tinta de hollín de aceite es la que contiene más cola y proporciona un color negro cálido. Es más espesa y es la más adecuada para la caligrafía y la pintura en general. La tinta de hollín de pino está hecha con menos cola y aceite para obtener un color negro azulado. Es adecuada para todo tipo de caligrafía. La tinta de hollín de carbón es la que contiene menos cola y aceite. Es más fina y se extiende fácil y rápidamente, siendo la más adecuada para la caligrafía cursiva y semicursiva. Por lo tanto, es buena para escribir y expresar la naturaleza fluida de la Caligrafía de la Fuente del Tao.

La barra de tinta fue la primera forma de tinta que se encontró en China. La barra de tinta se molía sobre la superficie plana de una piedra de tinta (véase la siguiente sección). Mezclando tinta con agua en diferentes proporciones, el calígrafo podía crear diferentes densidades e innumerables tonos de tinta negra y gris. Aunque requiere tiempo y esfuerzo, los calígrafos serios aún disfrutan manteniendo esta tradición de la caligrafía China. Recuerda preparar suficiente tinta sólo para tu sesión de escritura. De lo contrario, la tinta sobrante (especialmente la líquida) se espesa y estropeará, produciendo un olor a podrido.

Tintero

Un tintero (también llamado losa de tinta) es un mortero de piedra para moler y contener tinta sólida. Puede ser de arcilla, bronce, hierro, cerámica o porcelana. Para aquellos que quieran preparar la tinta con barras de tinta, la elección de una piedra de tinta de alta calidad producirá una tinta de alta calidad. Se recomiendan las piedras de tinta que son lisas, duras y pesadas, ya que pueden moler la barra de tinta rápidamente para producir una tinta suave y homogénea que no dañe el pincel.

Papel

Además de creer que el pincel es una extensión del corazón del escritor, los grandes calígrafos respetan el papel como vehículo y recipiente de la sangre del escritor. El papel de caligrafía viene en varios tamaños, texturas y absorciones que se hacen para varios estilos de caligrafía y propósitos. Hoy en día se utilizan varios tipos de papel, entre ellos:

- papel de arroz
- papel de bambú
- papel de morera
- papel de seda

El papel de arroz es el más popular, y los diferentes métodos de producción dan lugar a varios subtipos con diferentes absorciones: papel de arroz crudo, papel de arroz maduro y papel de arroz semi-maduro. El procesamiento determina la rigidez del papel y la capacidad de absorción de la tinta. El papel crudo es muy absorbente y bastante suave, mientras que el papel maduro es más rígido y mucho menos absorbente. Los calígrafos seleccionan el papel según sus preferencias personales y la naturaleza de la escritura. Por regla general, el papel de arroz maduro es ideal para las escrituras semi-cursivas y cursivas debido a su menor absorción. Lo recomiendo para los principiantes y para todos los niveles de calígrafos para maximizar la belleza de la caligrafía Yi Bi Zi y la Fuente del Tao.

El papel está disponible en muchos tamaños para permitir la producción de varios estilos de caligrafía. Una proporción común entre altura y anchura es de aproximadamente 2:1. Los tamaños de papel más comunes son:

- 138 cm × 69 cm (四尺宣, *sì chǐ[5] xuān*)
- 153 cm × 84 cm (五尺宣, *wǔ chǐ xuān*)
- 180 cm × 97 cm (六尺宣, *liù chǐ xuān*)
- 248,4 cm × 124,2 cm (八尺宣, *bā chǐ xuān*)
- 367,9 cm × 144,9 cm (丈二尺宣, *zhàng[6] èr chǐ xuān*)

Además de los "cuatro tesoros", desde la antigüedad se han utilizado otros accesorios. Entre ellos se encuentran los portapinceles, los recipientes para enjuagar los pinceles, las cajas de tinta, los pisapapeles, los sellos y las cajas de sellos. Pueden ser de cerámica, porcelana, cobre, hierro, laca, madera, bambú, piedra, jade, jadeíta, ágata y coral.

Por último, probablemente se ha fijado en ese sello rojo—a veces pequeño, a veces grande—que está omnipresente en las caligrafías y pinturas chinas. Estos sellos son emblemas de autoría y autentificación. Ninguna obra de caligrafía China, incluida la Caligrafía de la Fuente del Tao, está completa sin la aplicación del sello del autor.

Posturas corporales

Las posturas correctas de escritura son importantes para escribir bien la caligrafía. Hay que tener en cuenta la postura de todo el cuerpo, la posición de las manos y los dedos para sujetar el pincel, y los movimientos de la mano y la muñeca y la posición del pincel al escribir. Todo ello debe alinearse con fluidez, gracia y armonía para obtener los mejores resultados. Cuando se utilizan papeles y pinceles más grandes, también entran en juego todo el brazo y el hombro, e incluso todo el cuerpo.

Las dos posiciones básicas del cuerpo para escribir caligrafía china son:

- sentado
- de pie

En posición **sentada**, hay que sentarse de forma natural y estable, manteniendo la cabeza, el cuerpo, los brazos y los pies bien coordinados entre sí (figura 3). Aquellos que escriben caracteres grandes o que han adquirido algunas habilidades básicas de escritura pueden utilizar la posición **de pie**

---

[5] Chǐ es una unidad tradicional de longitud, aproximadamente un tercio de metro o 1,094 pies.

[6] El zhàng es una unidad tradicional de longitud, que equivale a 10 chi y equivale aproximadamente a 3,333 metros o 3,65 yardas.

(figura 4). Para los principiantes y para la escritura de caracteres pequeños, la posición sentada es más estable y proporciona al calígrafo un mejor apoyo.

En la historia de la caligrafía China se han enseñado muchas formas de sujetar el pincel. El "método de sujeción del pincel con cinco dedos" (五指握笔法, *wŭ zhĭ wò bĭ fă*) es el más practicado. En este método, cada uno de los cinco dedos tiene su propio lugar y propósito. Los cinco dedos trabajan juntos para mantener el pincel firme para escribir. La palma de la mano suele mantenerse hueca y ahuecada, como si se tratara de un huevo. De este modo, el escritor puede controlar el pincel con firmeza y poder, y sin embargo no aplastar el "huevo", escribiendo con gran facilidad y comodidad. Véase la figura 5.

Técnicas de Práctica: Calcar y Copiar

Escribir una hermosa y equilibrada Caligrafía de la Fuente del Tao es fundamental para sanar y prevenir enfermedades, transformar las relaciones y las finanzas, aumentar la sabiduría y la inteligencia, abrir canales espirituales, iluminar el alma, el corazón, la mente y el cuerpo, y prolongar la vida. Para lograr este objetivo, he creado técnicas únicas de trazado y copia para ayudarte a practicar y aprender los caracteres Chinos, mientras recibes la bendición y el alimento de la Fuente del Tao.

Enseño dos técnicas principales del Poder Trazar:

- Técnica del Poder Trazar de los cinco elementos
- Técnica del Poder Trazar del Dan

La Técnica Poder Trazar de los Cinco Elementos conecta cada dedo con la Caligrafía de la Fuente del Tao. Cada dedo conecta con uno de los Cinco Elementos y lo representa. Los Cinco Elementos son una antigua teoría, filosofía y práctica China. Los Cinco Elementos que comprenden a todos y todo en la creación son Madera, Fuego, Tierra, Metal y Agua. En la medicina tradicional China, el equilibrio de los Cinco Elementos es una de las claves de la sanación. Esta teoría ha guiado a millones de personas a lo largo de la historia para sanar enfermedades y rejuvenecer el alma, el corazón, la mente y el cuerpo.

Los órganos internos, los órganos sensoriales, los tejidos y fluidos corporales, el cuerpo emocional y otros aspectos del ser humano se clasifican y explican mediante los Cinco Elementos. Nuestros cinco dedos se conectan con los Cinco Elementos de la siguiente manera:

- Dedo índice—elemento madera, que incluye el hígado, la vesícula biliar, los ojos, los tendones y la emoción desequilibrada de la ira
- Dedo medio—elemento fuego, que incluye el corazón, el intestino delgado, la lengua, los vasos sanguíneos y las emociones desequilibradas de la ansiedad y la depresión

- Dedo pulgar—elemento tierra, que incluye el bazo, el estómago, la boca (incluidos los labios, los dientes y las encías), los músculos y la emoción desequilibrada de la preocupación
- Dedo anular—elemento metálico, que incluye los pulmones, el intestino grueso, la nariz, la piel y la emoción desequilibrada de la tristeza o la pena
- Dedo del bebé—elemento agua, incluyendo los riñones, la vejiga urinaria, los oídos, los huesos y la emoción desequilibrada del miedo

Muchos fenómenos naturales pueden explicarse mediante los Cinco Elementos. Los colores, los sabores, las direcciones, las estaciones, los años y mucho más pertenecen a los Cinco Elementos. De hecho, todos y todo pueden ser clasificados por los Cinco Elementos. Innumerables planetas, estrellas, galaxias y universos pertenecen a los Cinco Elementos. Los Cinco Elementos son una ley universal.[7]

Para aplicar la Técnica del Poder Trazar de los Cinco Elementos, pon las cinco puntas de los dedos de una mano juntas y traza con las puntas de los dedos en esta posición (figura 6). Esto conecta directamente tus Cinco Elementos, que incluyen cada parte de tu cuerpo físico, emocional, mental y espiritual y todo tu jing qi shen, con la Caligrafía de la Fuente del Tao y su jing qi shen de la Fuente del Tao. Cuando trazas una Caligrafía de la Fuente del Tao con las cinco yemas de los dedos, tus órganos internos, órganos sensoriales, tejidos y fluidos corporales y cuerpo emocional serán equilibrados y nutridos por el jing qi shen de la Fuente del Tao dentro de la caligrafía.

Añadir la Técnica del Poder Trazar de los Cinco Elementos a las Cuatro Técnicas de Poder es muy poderoso. Diez minutos de práctica utilizando las Cuatro Técnicas de Poder junto con el Poder trazar de los Cinco Elementos equivalen a veinticinco horas de práctica sin trazar.

La **Técnica Poder Trazar del Dan** te conecta con la Caligrafía de la Fuente del Tao a través de tu abdomen inferior (figura 7). Esta zona fundacional del cuerpo alberga muchas áreas y puntos sagrados importantes. Uno de los más importantes es el Jīn Dān (金丹, *bola de luz dorada*). En mi enseñanza del Tao, el desarrollo del Jin Dan es la práctica fundamental para la sanación, el rejuvenecimiento, la longevidad y la transformación de toda la vida.

El Jin Dan es una bola especial de luz dorada de la Unidad situada justo debajo del ombligo y en el centro del cuerpo. Nadie nace con un Jin Dan. Muchos de mis estudiantes han podido desarrollar

---

[7] Para obtener más sabiduría, conocimiento y práctica de los Cinco Elementos, véa mi libro. *Milagros Sanadores del Alma: Antigua y nueva sabiduría, conocimiento y prácticas técnicas sagradas para la sanación de los cuerpos espiritual, mental, emocional y físico*. Barcelona: Ediciones Obelisco, 2016.

un Jin Dan a través de prácticas sagradas especiales y bendiciones de la Fuente del Tao. Para alcanzar el Tao, el destino final del viaje espiritual, compartí en mi libro *Tao I: The Way of All Life*[8] que "Jin Dan es la clave".

La Técnica del Poder Trazar del Dan potencia el Jin Dan y otras áreas sagradas en el abdomen inferior conectándose con el jing qi shen llevado por la Caligrafía de la Fuente del Tao. Cuando trazas una Caligrafía de la Fuente del Tao usando tu área abdominal inferior, activas el poder de la Fuente del Tao para amplificar tu práctica de Jin Dan, acelerando el desarrollo y crecimiento de tu Jin Dan y tu proceso para alcanzar el Tao.

¿Cómo se hace? Simplemente ponte de pie con los pies separados a la altura de los hombros. Mantén las manos separadas unos treinta centímetros por delante del bajo vientre, como si estuvieras sosteniendo suavemente una preciosísima bola de luz dorada. A continuación, mueve el bajo vientre y las manos para trazar los caracteres de la Caligrafía de la Fuente del Tao.

Añadir la Técnica del Poder Trazar del Dan a las Cuatro Técnicas de Poder es más que poderoso. Diez minutos de práctica usando las Cuatro Técnicas de Poder junto con el Poder Trazar de Dan son equivalentes a cincuenta horas de práctica sin trazar.

Después del Poder Trazar, los siguientes pasos para desarrollar el poder de la Caligrafía de la Fuente del Tao son Poder Copia y Poder Escritura. Poder Trazar es una técnica fundamental para recibir más y más del poder de la Caligrafía de la Fuente del Tao. También es un paso fundamental para prepararse para escribir caligrafías de la Fuente del Tao. ¿Por qué quieres aprender a escribir caligrafías de la Fuente del Tao? Porque eso elevará y purificará tu jing qi shen hasta el más alto alineamiento con el jing qi shen de la Fuente del Tao. Te traerá el más alto potencial y poder para sanar y transformar tu vida. Te traerá el más alto potencial y poder para sanar y transformar las vidas de otros.

Traza y copia obras artísticas ejemplares de la Caligrafía de la Fuente del Tao repetidamente hasta que hayas memorizado la caligrafía, de modo que los trazos y los movimientos se vuelvan instintivos y la copia sea perfecta. Esto te ayudará a aprender los trazos correctos, el orden de los trazos y la estructura de los caracteres, y a producirlos con equilibrio y ritmo, todo lo cual es esencial en tu viaje de sanación, aprendizaje y dominio de la Caligrafía de la Fuente del Tao.

Se puede copiar y escribir en papel de caligrafía formal con tinta. Sin embargo, los materiales pueden ser costosos, y la preparación y la limpieza, laboriosas. Una alternativa más práctica es

---

[8] New York/Toronto: Atria Books/Heaven's Library Publication Corp., 2010.

estrenarse con un paño de escritura de agua reutilizable (figura 8). Basta con mojar el pincel y escribir en el paño de agua en lugar de tinta. Tu escritura cobrará vida en negro sobre la tela. A medida que el agua se evapora lentamente, tu escritura desaparecerá como por arte de magia en un minuto, dejándote una superficie limpia, lista para volver a escribir. No te preocupes por las manchas de tinta mientras te entrenas. No se desperdicia papel ni tinta, y el paño puede reutilizarse miles de veces.

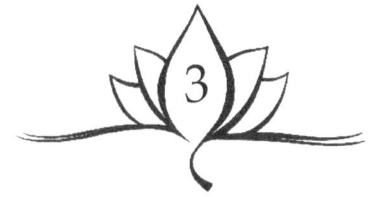

Conocimientos Básicos para Escribir La Caligrafía de la Fuente del Tao

EN ESTE CAPÍTULO, introduzco varios principios fundamentales que son importantes de conocer y entender para su posterior preparación para escribir Yi Bi Zi y Caligrafía de la Fuente del Tao.

Trazos básicos: Ocho principios del carácter 永 (yǒng)

Yǒng (永) significa *eternamente, para siempre* o *siempre*. Los profesores de caligrafía China dicen que si se puede escribir bien el carácter 永, se puede escribir bien cualquier carácter Chino.

Hay ocho trazos básicos que se utilizan para escribir casi todos los caracteres Chinos. El carácter Chino 永 está formado exactamente por estos ocho trazos básicos. Véase la figura 9. Si te centras en estos trazos, obtendrás una buena comprensión básica de los componentes de todos los caracteres Chinos. Estos son los "ocho principios del carácter 永" (永字八法, yǒng zì bā fǎ). Una vez que te hayas familiarizado con estos elementos básicos y con el resto de los conocimientos de este capítulo, tendrás la base para escribir cualquier carácter chino de forma correcta y bonita.

Los ocho golpes básicos son:

1. punto (点, *diǎn*)
2. línea horizontal (横, *héng*)
3. línea vertical (竖, *shù*)
4. gancho (勾, *gōu*)
5. levantar (仰横, *yǎng héng*)
6. curva (golpe de izquierda) (撇, *piě*)
7. inclinación (trazo inclinado hacia la izquierda) (斜撇, *xié piě*)
8. onda (golpe de derecha-caída) (捺, *nà*)

Reglas de Oro del Orden de los Golpes

Para escribir la Caligrafía de la Fuente del Tao o cualquier estilo de caligrafía China de forma correcta y bella, es esencial tener algunos conocimientos sobre la escritura China normal. Se trata de los principios básicos de cómo debe escribirse normalmente un carácter, incluyendo el orden correcto de los trazos. Para un carácter sencillo, como dà (大, *grande* o *grandioso*), aprender el orden correcto de los trazos es fácil, pero los caracteres Chinos se componen de once trazos por término medio, y algunos caracteres requieren veinte trazos o más. Recordar la secuencia correcta de trazos para los caracteres complejos puede ser una tarea desalentadora.

Afortunadamente, la escritura China sigue las llamadas "Reglas de Oro" (汉字笔顺规则, *hàn zì bǐ shùn guī zé*) que sistematizan el orden adecuado de los trazos para escribir cualquier carácter Chino. Conocer estos principios facilita mucho el aprendizaje de la escritura de caracteres y frases equilibradas y estéticamente agradables. Sin embargo, te recuerdo que la Caligrafía de la Fuente del Tao sigue estas reglas con gran flexibilidad debido a sus características de simplificación a veces extrema, trazos más curvos, ángulos redondeados, y más.

Regla de Oro 1: de arriba a abajo

En general, los caracteres chinos se escriben de arriba a abajo.

- Ejemplo (véa la figura 10): 天 (tiān, *cielo*)

Regla de Oro 2: De izquierda a derecha

En general, los caracteres chinos se escriben de izquierda a derecha.

- Ejemplo (véa la figura 11): 地 (dì, *Madre Tierra* o *tierra*)

En este caso, se escribe primero la parte izquierda del carácter (trazos 1–3) y luego la parte derecha (trazos 4–6). Dentro de la parte derecha, el orden de los trazos sigue la regla de oro 1 (de arriba a abajo, trazos 5–6).

Regla de Oro 3: Horizontal antes que vertical

Las líneas horizontales se escriben generalmente antes de las líneas verticales que se encuentran o cruzan con ellas.

- Ejemplo (ver figura 12): 十 (shí, *diez*)

Regla de Oro 4: Completar primero el recinto

Muchos caracteres chinos tienen elementos contenidos en otro radical[9] o serie de trazos. En estos casos, la regla es completar primero el recinto y luego añadir los elementos interiores.

- Ejemplo (ver figura 13): 日 (rì, *sol* o *día*)

Aquí, el recinto (trazos 1–2) se escribe primero, siguiendo la Regla de Oro 2 (de izquierda a derecha). A continuación, el resto de los trazos (trazos 3–4) siguen la Regla de Oro 1 (de arriba a abajo).

Regla de Oro 5: Completar primero el centro

En el caso de los radicales o caracteres que tienen un centro claro y elementos equilibrados a ambos lados, se debe completar primero el centro y luego añadir los dos lados de izquierda a derecha.

- Ejemplo (ver figura 14): 水 (shǔi, *agua*)

Trazos y Estructura Espacial en la Caligrafía de la Fuente del Tao

La estructura espacial de un carácter, los trazos individuales y el arte de la composición de una frase completa son tres elementos básicos de la caligrafía China. La estructura espacial de los caracteres constituye la construcción básica de una caligrafía. La disposición y distinción adecuadas de un trazo específico dentro de un carácter maximizan su belleza. La relación entre los trazos establece una armonía especial. Por lo tanto, al escribir, ten siempre en cuenta la ubicación de cada carácter y las proporciones dentro y entre los caracteres en el conjunto de la obra.

La estructura espacial del carácter en la escritura regular es relativamente sistemática. Sin embargo, es muy variada en la Caligrafía de la Fuente del Tao. Por lo tanto, la práctica de la estructura espacial de los caracteres le permitirá dominar las leyes básicas que rigen los cambios en la estructura espacial de la Caligrafía de la Fuente del Tao.

Espaciar las partes izquierda y derecha de forma flexible para lograr el equilibrio

- Ejemplo (ver figura 15): 陰陽 (yīn yáng, *yin* y *yang*)

Por regla general, los personajes compuestos por partes izquierdas y derechas claras necesitan flexibilidad en la estructura espacial para crear equilibrio. Las partes izquierda y derecha son a la vez independientes y distintas, pero dependientes y equilibradas. Véa, por ejemplo, la figura 15, con los caracteres yin (陰) y yang (陽). Hay espacio y equilibrio dentro de los caracteres, entre las partes

---

[9] Los caracteres chinos se construyen a partir de componentes llamados radicales. La tabla estándar de 214 radicales para los caracteres tradicionales se desarrolló en la dinastía Qing en el siglo XVIII. Esta tabla sigue siendo la base de la mayoría de los diccionarios Chinos modernos.

izquierda y derecha de cada carácter, y entre los dos caracteres. Se trata de un principio estético muy utilizado en la escritura Caligráfica de la Fuente del Tao.

La parte inferior apoya a la parte superior

- Ejemplo (ver figura 16): 道 (dào, *camino, Tao,* o *la Vía*)

Los caracteres con una estructura en la cual la parte inferior soporta o apoya la parte superior suelen tener una parte inferior amplia y firme, que se escribe frecuentemente con una pincelada más larga y gruesa para apoyar la parte superior del carácter. El mejor ejemplo es 道, dào (Tao).

La parte superior cubre la parte inferior

- Ejemplo (véase la figura 17): 合 (hé, *juntar*)

Los caracteres con una estructura superior e inferior, como hé (合), se escriben con la parte superior más grande, para cubrir la parte inferior. Esto refleja fielmente la belleza de las estructuras arquitectónicas Chinas únicas.

Yin (trazo) y yang (conexión) de los caracteres

- Ejemplo (ver figura 18): 中 (zhǒng, *centro*)

El yin yang es una ley universal. Todo puede dividirse en yin y yang. En la Caligrafía de la Fuente del Tao, un carácter puede dividirse en yin y yang. En el trazo único que crea un carácter en la Caligrafía de la Fuente del Tao, hay partes que corresponden a los trazos en la escritura normal del carácter. Estos son el yin del carácter. Debido a que evocan y se conectan con los trazos normales de la escritura individual, las partes yin se escriben con más fuerza y poder, por lo que son las partes más gruesas y oscuras que utilizan más tinta. Las otras partes del carácter sirven para conectar las partes yin principales para formar el Yi Bi Zi. Estas partes de conexión son el yang del carácter. Se escriben con mucha menos fuerza y potencia, y a menudo sólo con la punta del pincel, por lo que son más finas y ligeras. Para una escritura suave y hermosa en la Caligrafía de la Fuente del Tao, se pueden enlazar los trazos normales en secuencia sin afectar la forma general del carácter.

El equilibrio de poder entre las porciones yin primarias y las porciones yang de conexión de un carácter en la Caligrafía de la Fuente del Tao coordina y armoniza todo el carácter, transformándolo en una hermosa obra de arte. Algunas de las líneas de conexión pueden incluso realizarse de forma invisible, por encima del papel en el aire. Dado que la Caligrafía de la Fuente del Tao utiliza una pincelada continua para realizar un carácter o incluso una frase entera, es una escritura de Unicidad. Algunos aspectos de la pincelada pueden o no ser claramente visibles en el papel. Aunque los trazos pueden parecer físicamente separados, manifiestan fuertes conexiones energéticas. Parte del poder de una Caligrafía de la Fuente del Tao depende de la libertad con que la energía fluye a través de ella. El equilibrio yin-yang es una de las habilidades más difíciles de dominar para un calígrafo de la Fuente del Tao. Por lo tanto, es uno de los mejores estándares para identificar la maestría de un Calígrafo de la Fuente del Tao, y para medir el poder sanativo de un Practicante de la Caligrafía del Tao.

Disfruta del equilibrio yin-yang de la Caligrafía de la Fuente del Tao 中 (zhōng, centro) en la figura 18.

Belleza de la Caligrafía de la Fuente del Tao

La caligrafía como arte hace hincapié en la interacción y el equilibrio entre los trazos de cada carácter, la fluidez de un trazo a otro y la armonía entre los caracteres. Todo ello debe estar en armonía y equilibrio. En la caligrafía del Yi Bi Zi y de la Fuente del Tao, especialmente, toda la caligrafía debe fluir libremente y formar una composición que será a la vez equilibrada y pacífica, pero activa y dinámica.

Una obra de arte caligráfica China se escribe normalmente en columnas verticales de derecha a izquierda, que se conocen como líneas. Cuando las columnas se escriben en horizontal, se conocen como filas. En la caligrafía normal, las líneas y las filas suelen estar bien alineadas con un espacio constante que las separa, así como entre los caracteres individuales. La Caligrafía de la Fuente del Tao es mucho más libre. Las líneas y las filas pueden ser injustificadas. Los caracteres pueden variar de tamaño. La distancia entre líneas puede cambiar. Los caracteres pueden ser muy redondeados y suaves, sin esquinas ni ángulos agudos. La sensación general puede ser como una escena de belleza natural y salvaje.

Las formas más comunes de composición de la Caligrafía de la Fuente del Tao son:

- bandera horizontal (横披, *héng pī*)
- rollo central (中堂, *zhōng táng*)
- desplazamiento vertical (条幅, *tiáo fú*)
- cubierta de Abanico (扇面, *shān miàn*)
- copla (对联, *duì lián*)

En el caso de las pancartas horizontales, la relación de aspecto (longitud-altura) suele oscilar entre 1,5:1 y 3:1. Una relación de aspecto de 5:1 o superior suele reservarse para fines especiales. Algunas caligrafías especiales pueden tener varios metros o incluso decenas de metros de longitud.

Un ejemplo de estandarte horizontal es la figura 19, la Caligrafía de la Fuente del Tao *Xiang Ai Ping An He Xie*, 相愛平安和谐 (xiāng ài píng ān hé xié, *amor, paz, armonía*), escrita y leída de derecha a izquierda.[10]

---

[10] La caligrafía de la Fuente Tao *Xiang Ai Ping An He Xie* de la figura 24 es la única caligrafía de este libro que lleva la frecuencia y el poder de la Fuente del Tao. Las otras caligrafías representadas son sólo para fines ilustrativos. Práctica todo lo que puedas con la figura 24.

Los pergaminos centrales y los pergaminos verticales son las formas más comunes de la Caligrafía de la Fuente del Tao. Un pergamino central suele estar escrito verticalmente en una hoja completa de papel, que suele tener un tamaño de 138 cm × 69 cm. Los pergaminos centrales están pensados para ser colgados en el centro de una pared de la habitación principal, normalmente el salón. Cuando una caligrafía se escribe en una hoja de papel más pequeña con una relación de aspecto (altura-anchura) de 2:1 o 3:2, se llama pergamino vertical. Los pergaminos centrales y los verticales tienen esencialmente la misma función.

Véase en la figura 20 un ejemplo de pergamino central: 道光 (Tào guāng, *Fuente de luz*).

La figura 21 es un ejemplo de desplazamiento vertical: 明心见性 (míng xīn jiàn xìng, iluminar el corazón para ver la verdadera y más pura naturaleza de uno, que es el Tao).

Un abanico es una forma de caligrafía escrita en abanicos. Esta forma suele incluir sólo uno o dos caracteres por línea. Las líneas no son paralelas, como en la caligrafía normal, sino que parten de un punto central implícito pero invisible, de modo que las líneas se abren exactamente como se abre el abanico.

Un ejemplo de tapa de abanico (figura 22) es 龍 (lóng, *dragón*).

Un pareado es un par de líneas. Cada línea se suele escribir como una caligrafía independiente. El par de caligrafías suele colgarse a ambos lados de una puerta o en pilares separados. Dos versos con igual número de palabras forman una unidad equilibrada y armoniosa. La relación de aspecto de cada verso depende del número de palabras de cada línea. No existe ninguna limitación. Las relaciones de aspecto más habituales son 3:1 y 2:1, utilizando papel de tamaño típico, como 138 cm × 69 cm. Las dos líneas, y cada palabra en orden, están alineadas.

Véa la figura 23 para la copla:

- 治愈白病 (línea derecha) zhì yù bǎi bìng, *sana toda enfermedad*
- 预防白病 (línea izquierda) yù fáng bǎi bìng, *previene toda enfermedad*

Has visto y experimentado la energía, la belleza y la armonía de la Caligrafía de la Fuente del Tao. Ahora, prepárate para experimentar su verdadero poder como escritura de la Unidad que lleva el jing qi shen de la Fuente del Tao. Te guiaré para que uses la Caligrafía de la Fuente del Tao para armonizar y alinear tu jing qi shen con el fin de transformar toda tu vida

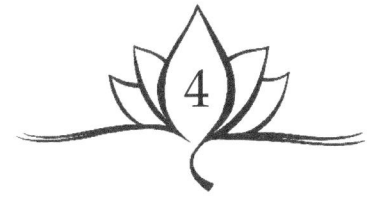

Experimenta el Poder de la Caligrafía de la Fuente del Tao

L O QUE TRAZAS y escribes es en lo que te conviertes.

La Caligrafía de la Fuente del Tao lleva el jing qi shen de la Fuente del Tao. El jing qi shen de la Fuente del Tao lleva el poder de la Fuente del Tao para nutrir, purificar, equilibrar, sanar y transformar tu jing qi shen. Por lo tanto, la Caligrafía de la Fuente del Tao puede nutrir, purificar, equilibrar, sanar y transformar todos los aspectos de tu vida.

Este capítulo es el núcleo de todo el libro. Presentaré la más poderosa Caligrafía de la Fuente del Tao y te llevaré a experimentar su poder a través de dos prácticas. Cuando experimentes el poder de la Caligrafía de la Fuente del Tao, practicarás más y más. El enriquecimiento, el equilibrio, la sanación y la transformación que podrías recibir están más allá de las palabras.

Canción del Alma Divina Amor, Paz y Armonía

Amor, Paz y Armonía es el título de la Canción del Alma Divina que recibí de la Divinidad en Septiembre de 2005 en el Lenguaje del Alma (el lenguaje universal de todas las almas) con una melodía simple, hermosa y que toca el corazón:

> *Lu la lu la li*
> *Lu la lu la li*
> *Lu la lu la li lu la*
> *Lu la li lu la*
> *Lu la li lu la*

Traduje estas letras al chino, y luego, junto con tres de mis alumnos que estaban conmigo, al inglés:

Amo mi corazón y mi alma
Amo a toda la humanidad
Unamos los corazones y las almas
Amor, paz y armonía
Amor, paz y armonía

Esta canción es un canto del alma divina. Es una canción del Cielo. Lleva frecuencia y vibración Divina, con amor Divino, perdón Divino, compasión Divina, y luz Divina para bendecirte a ti, a tus seres queridos, a tu comunidad, a tu país, a la humanidad y a todos los universos. La frecuencia, la vibración y el poder de esta canción han seguido elevándose. Ahora, es una Canción del Alma de la Fuente del Tao con aún más poder para nutrir, sanar y bendecir a la humanidad y a todas las almas.

Con el fin de cumplir con mi misión de vida para hacer crecer la Familia Mundial del Amor Paz Armonía y la Familia Universal del Amor Paz Armonía, el Cielo me guió para crear el Movimiento del Amor Paz Armonía en Noviembre de 2010 mientras estaba sirviendo en la India. La humanidad y la Madre Tierra se enfrentan a muchos desafíos graves. El calentamiento global, los graves desastres naturales, el terrorismo, la guerra, los desafíos financieros, la pobreza, la enfermedad, y más han ido aumentando en frecuencia y gravedad. El propósito del Movimiento Amor Paz Armonía es crear amor, paz y armonía para la humanidad, la Madre Tierra y todos los universos durante este difícil período. Nuestro objetivo es tener millones y miles de millones de personas, e innumerables almas, cantando esta Canción del Alma Divina. Cantando y practicando el amor, la paz y la armonía en nuestras vidas diarias, la transición de la Madre Tierra podría ser tremendamente transformada. Hoy, más de un millón de personas en la Madre Tierra cantan o escuchan esta Canción del Alma Divina. Ha sido traducida y cantada en más de cincuenta idiomas. Para el año 2020, deseamos inspirar a 1.500 millones de personas a cantar *Amor, Paz y Armonía* durante quince minutos cada día. Puedes descargar una hermosa grabación en mp3 de Amor, Paz y *Armonía* en https://lovepeaceharmony.org.

En Marzo de 2016 se puso en marcha la Fundación Amor Paz Armonía, una organización humanitaria sin ánimo de lucro. Esta fundación se dedica a ayudar a las personas de todo el mundo a crear vidas más felices y saludables. Nuestra misión es reunir los corazones y las almas para crear amor, paz y armonía para cada individuo, comunidad, país, Madre Tierra y todos los universos.

La Fundación Amor Paz Armonía llega a las comunidades ofreciendo clases semanales gratuitas de canto y meditación y distribuyendo CDs gratuitos de *Amor, Paz y Armonía* por todo el mundo. La Fundación Amor Paz Armonía también apoya a otras organizaciones humanitarias sin ánimo de lucro que trabajan para cambiar la vida de las personas en todo el mundo. Un ejemplo es la asociación con la Fundación Tarayana, una organización sin ánimo de lucro que trabaja en Bután para que los niños de familias desfavorecidas puedan cursar estudios superiores. Si quieres apoyar esta misión, visita https://lovepeaceharmony.org/donate. La Fundación Amor Paz Armonía igualará todas las donaciones hasta 50.000 dólares para becas. Trabajando juntos, podemos difundir el amor, la paz y la armonía en todo el mundo.

Fuente del Tao Caligrafía Xiang Ai Ping An He Xie

La caligrafía de seis palabras de la Fuente del Tao *Xiang Ai Ping An He Xie* de la figura 24 se lee de derecha a izquierda a la manera tradicional China. "Xiāng ài" (相爱) significa *amor*. "Píng ān" (平安) significa *paz*. "Hé xié" (和谐) significa *armonía*. "Xiang ai ping an he xie" significa amor, *paz y armonía*.

Escribí la Caligrafía de la Fuente Tao *Xiang Ai Ping An He Xie* en la figura 24 expresamente para este libro. Elegí *el Amor, la Paz y la Armonía* como la principal Caligrafía de la Fuente del Tao para compartir y enseñar en este libro, porque este mensaje lleva las más poderosas bendiciones de la Fuente Divina y del Tao.

Poder y significado del Amor (相爱, xiāng ài)

El amor es la fuerza más poderosa del universo. *El amor funde todos los bloqueos y transforma toda la vida.* El amor es la naturaleza más importante del Cielo y de la Fuente del Tao. El amor es una de las cualidades más importantes de la Divinidad y del Tao para transformar toda la vida y realizar nuestros viajes físicos y espirituales. Es una herramienta poderosa para nutrir y purificar el alma, el corazón, la mente y el cuerpo; para la sanación, el rejuvenecimiento y la longevidad; y para transformar las relaciones, las finanzas y todos los aspectos de la vida.

El amor tiene capas. El amor más grande (大爱, *dà ài*) es una de mis enseñanzas y prácticas clave. Da Ai es la primera de las diez más grande cualidades de la Fuente Divina y Tao. Para una enseñanza y práctica detallada de Las Diez Cualidades Da (Las Más Grandes) (el amor mas grande, el perdón más grande, la compassion más grande, la luz más grande, la humildad más grande, la armonía más grande, el éxito y florecer más grande, la gratitud más grande, el servicio más grande y la iluminación) más grande de la Fuente Divina y Tao, véa mi libro con Adam Markel, *Soul Over Matter*.[11]

El amor más grande es el amor incondicional. Es el amor que se da sin pedir ni esperar nada a cambio. Piensa en la Madre Tierra, la Luna, el Sol, la Divinidad y el Cielo. Ellos nos nutren sin pedir nada a cambio. Este es su amor incondicional en cada momento. Piensa en el amor de la Fuente del

---

[11] *Soul Over Matter: Ancient and Modern Wisdom and Practical Techniques to Create Unlimited Abundance*. Dallas/Toronto: BenBella Books/Heaven's Library Publication Corp., 2016.

Tao. El Tao crea el Cielo, la Madre Tierra y los innumerables planetas, estrellas, galaxias y universos, así como la humanidad. El Tao trata a todos y a todo por igual. El Tao ama a todos y a todo por igual e incondicionalmente. El amor de la Fuente del Tao *es* Da Ai (el amor mas grande).

Poder y Significado de la Paz (平安, píng ān)

En mi libro, *Soul Mind Body Medicine*,[12] enseñó que el amor y el perdón son las llaves de oro para la sanación. Son una sola cosa. Para amar incondicionalmente, debemos mirar más allá de las faltas de las personas, de sus luchas y de cualquier dolor y dificultad que la vida pueda traer. Entonces, podemos perdonar incondicionalmente. Podemos ayudar a los demás a crecer y hacerles saber que son amados. El amor y el perdón son las llaves de oro para abrir todas las puertas de la vida. El amor derrite todos los bloqueos y transforma toda la vida. *El perdón ayuda a auto-despejar los bloqueos de shen qi jing para traer la alegría y la paz interior.*

Poder y Significado de la Armonía (和谐, hé xié)

Cuando tengas más amor y perdón en tu corazón y más paz en tu mente, la alegría y la paz interior equilibrará tu vida. Tu comportamiento será amable, considerado, respetuoso, justo y generoso. Serás tolerante con las creencias y comportamientos de los demás. Como resultado, armonizarás con los demás y con el entorno. Cuando más y más personas hagan esto, una comunidad, un país y el mundo entero estarán en amor, paz y armonía.

¿Por qué a muchas personas les resulta tan difícil amarse? ¿Por qué hay tantos problemas graves en nuestra vida física y espiritual, desde cuestiones personales hasta guerras regionales y la contaminación y destrucción de la Madre Tierra? Se debe a los bloqueos y a la falta de armonía en nuestro jing qi shen. Nuestro jing qi shen no está alineado con el jing qi shen de la Fuente del Tao.

El proceso de sanación del alma sagrada es:

- El alma da un mensaje al corazón.
- El corazón recibe el mensaje y lo transmite a la mente.
- La mente resonará entonces con el mensaje para mover la energía.
- Por último, la energía moverá la materia para sanar, nutrir y equilibrar su cuerpo físico y emocional.

Por lo tanto, la sanación del alma es sanar el alma cambiando sus mensajes. También es alinear nuestra alma, corazón, mente, energía y materia como uno. La Canción del Alma Divina *Amor, Paz y Armonía* lleva la frecuencia y la vibración de la Fuente Divina y Tao, con el amor, el perdón, la

---

[12] *Soul Mind Body Medicine: A Complete Soul Healing System for Optimum Health and Vitality.* Novato: New World Library, 2006.

compasión y la luz de la Fuente Divina y Tao. Cuando cantas *Amor, Paz y Armonía* y también trazas o escribes la Caligrafía de la Fuente del Tao *Xiang Ai Ping An He Xie*, estás conectando con la frecuencia y la vibración de la Fuente Divina y Tao, que puede transformar la frecuencia y la vibración de tu salud, tus emociones, tus relaciones, tus finanzas y mucho más. Cuando cantamos y servimos juntos, estamos cambiando la frecuencia y la vibración de nuestras comunidades, nuestras sociedades, nuestros países y el mundo.

La Canción del Alma Divina *Amor, Paz y Armonía* es un poderoso tesoro para la sanación y la transformación. Ha creado muchas historias que tocan el corazón. Tenemos que cantarla más. La Caligrafía de la Fuente del Tao *Xiang Ai Ping An He Xie es* un tesoro fenomenal de sanación del alma que multiplica el poder. Las Caligrafías de la Fuente del Tao son los más altos tesoros de sanación y transformación de la vida que el Cielo ha liberado a la humanidad. Lo que hay que hacer es practicar con ellas. En el resto de este capítulo, te guiaré en las prácticas con la Caligrafía de la Fuente del Tao *Xiang Ai Ping An He Xie*. Las prácticas son simples de entender y fáciles de hacer. Los resultados que recibirás podrían ser poderosos, profundos y extraordinarios más allá de las palabras, la comprensión y la imaginación.

Practicar con la Caligrafía de la Fuente del Tao Xiang Ai Ping An He Xie

Ahora los guiaré en las prácticas con la Caligrafía de la Fuente del Tao *Xiang Ai Ping An He Xie*. La teoría y la práctica son dos. La teoría y la práctica son en realidad una. Para recibir beneficios, debes aplicar la teoría a través de la práctica. Siempre digo: "Si quieres saber si la pera es dulce, pruébala". Si quieres experimentar el poder de la Caligrafía de la Fuente del Tao *Xiang Ai Ping An He Xie*, practica con ella.

Practicar para sanar y transformar todos los aspectos de la vida

Aplica las Cuatro Técnicas de Poder con la Caligrafía de la Fuente del Tao *Xiang Ai Ping An He Xie* para transformar todos los aspectos de tu vida.

Poder Cuerpo. Siéntate con los pies apoyados en el suelo y la espalda libre y despejada, o ponte de pie con los pies separados a la altura de los hombros. Relájate.

Poder Alma. *Saluda* a las almas interiores:

> *Querido shen qi jing de cada aspecto de mi vida,*
> *Te quiero.*
> *Tienes el poder de sanar y transformar cada aspecto de mi vida.*
> *¡Haz un gran trabajo!*
> *Gracias.*

Saluda a las almas exteriores:

Estimada Caligrafía de la Fuente del Tao Xiang Ai Ping An He Xie,
Te quiero, te honro y te aprecio.
Por favor, elimina los bloqueos de shen qi jing para sanar y transformar todos los aspectos de mi
vida.
Estoy muy agradecido.
Gracias.

Poder Mente. Visualiza la Caligrafía de la Fuente del Tao *Xiang Ai Ping An He Xie iluminando* con luz dorada todos los aspectos de tu vida.

Poder Sonido. Canta *Xiang Ai Ping An He Xie* o *amor, paz y armonía* en silencio o en voz alta durante al menos diez minutos. Cuanto más tiempo cantes, mejores resultados de sanación y bendición podrás recibir.

Xiang ai ping an he xie
Xiang ai ping an he xie
Xiang ai ping an he xie
Xiang ai ping an he xie ...

o

Amor, paz y armonía
Amor, paz y armonía
Amor, paz y armonía
Amor, paz y armonía ...

Poder Trazar. Mientras cantas, aplica simultáneamente Poder Trazar, la quinta Técnica de Poder. Hay dos formas de trazar, como se describe en el capítulo dos. Utiliza cualquiera de ellas o ambas.

La primera forma de trazar es la Técnica del Poder Trazar de los Cinco Elementos: puedes estar sentado o de pie. Junte las cinco yemas de los dedos de una mano y apúnte a la Caligrafía de la Fuente del Tao *Xiang Ai Ping An He Xie*. Siga el camino indicado en la figura 25 para trazar los caracteres en orden de derecha a izquierda. Trace repetidamente mientras canta el Poder Sonido dado anteriormente.

La segunda forma de trazar es la Técnica de trazar del Poder Dan: Ponte de pie con los pies separados a la altura de los hombros. Mantén las manos separadas unos 30 centímetros delante del bajo vientre, como si sostuvieras suavemente una preciosa bola de luz dorada. A continuación, mueve el bajo vientre y las manos juntas para trazar los caracteres de la Caligrafía de la Fuente del Tao *Xiang Ai Ping An He Xie*.

Poder Escritura. Cuando sientas que estás preparado, te recomiendo que empieces a copiar y escribir los caracteres Chinos de la Caligrafía de la Fuente del Tao. La escritura es aún más poderosa que el trazado. Cuando copias y escribes, te conectas más profundamente con el jing qi shen de la Caligrafía de la Fuente del Tao. Puedes recibir una mejor y más rápida sanación y transformación de la vida. Además, cuando copias o escribes, el equilibrio entre los trazos yin y las conexiones yang de la Caligrafía de la Fuente del Tao surgirá de forma natural. Por lo tanto, su energía interna será más equilibrada y estable.

Cuando estés listo para terminar tu práctica de canto y trazado o escritura, expresa tu gratitud por las bendiciones que has recibido:

> *¡Hao! ¡Hao! ¡Hao!*
> *Gracias. Gracias. Gracias.*
> *Gong Song. Gong Song. Gong Song* (significa *volver con respeto*).

Devolvemos respetuosamente a su morada a las innumerables almas que se unieron a nosotros en esta práctica.

Práctica para brindar el amor, la paz y la armonía a todos los aspectos de la vida

Prepárate. Junta las puntas de los cinco dedos de una mano para Poder Trazar de los Cinco Elementos, o ponte de pie con los pies separados a la altura de los hombros y mantén ambas manos delante del bajo vientre para Poder Trazar del Dan, o siéntate o ponte de pie sujetando el pincel para Poder Copiar o Poder Escritura.

Poder Alma. *Saluda* a las almas interiores:

> *Querido shen qi jing de cada aspecto de mi vida,*
> *Te quiero.*
> *Tienes el poder de traer amor, paz y armonía a todos los aspectos de mi vida.*
> *¡Haz un gran trabajo!*
> *Gracias.*

Saluda a las almas exteriores:

> *Estimada Caligrafía de la Fuente del Tao* Xiang Ai Ping An He Xie,
> *Te quiero, te honro y te aprecio.*
> *Por favor, elimina los bloqueos de shen qi jing para traer amor, paz y armonía a cada*
>   *aspecto de mi vida.*
> *Estoy muy agradecido.*
> *Gracias.*

Aplica juntos El Poder Cuerpo, El Poder Mente, El Poder Sonido y El Poder de la Caligrafía de la Fuente del Tao (trazar, copiar o escritura). Comienza a trazar, copiar o escribir la Caligrafía de la Fuente del Tao *Xiang Ai Ping An He Xie* siguiendo el camino de trazar de la Unidad que se muestra en la figura 25 de derecha a izquierda.

Al mismo tiempo, visualiza la Caligrafía de la Fuente del Tao *Xiang Ai Ping An He Xie iluminando* con luz dorada todos los aspectos de tu vida.

Canta *Xiang Ai Ping An He Xie* o *amor, paz y armonía* durante toda la práctica. Puedes cantar en silencio o en voz alta:

> *Xiang ai ping an he xie*
> *Xiang ai ping an he xie*
> *Xiang ai ping an he xie*
> *Xiang ai ping an he xie ...*

o

> *Amor, paz y armonía*
> *Amor, paz y armonía*
> *Amor, paz y armonía*
> *Amor, paz y armonía ...*

Al realizar esta práctica, estás purificando tu alma, tu corazón, tu mente y tu cuerpo. Estás recibiendo sanación y rejuvenecimiento. Estás sirviendo a la humanidad y a wan ling (*todas las almas*). Cuando termines la práctica, expresa tu gratitud por las bendiciones que has recibido:

> *¡Hao! ¡Hao! ¡Hao!*
> *Gracias. Gracias. Gracias.*
> *Gong Song. Gong Song. Gong Song.*

Te recomiendo encarecidamente que cantes y traces, copies o escribas la Caligrafía de la Fuente del Tao *Xiang Ai Ping An He Xie* durante al menos diez minutos por vez, tres veces al día. Para cuestiones extremadamente desafiantes o simplemente para obtener los mejores resultados, el tiempo total de su práctica diaria podría ser de dos horas o más.

Conclusión

T E HE GUIADO paso a paso para explorar la belleza artística de la caligrafía China y la Caligrafía de la Fuente del Tao. También te guié para que experimentes el asombroso poder sanativo, de bendición y de transformación de la vida de la Caligrafía de la Fuente del Tao, usando prácticas simples y poderosas que puedes hacer en cualquier momento y en cualquier lugar. Asegúrate de practicar más

Crearé tres series de libros de Caligrafía de la Fuente del Tao para su estudio y práctica:

- Serie Uno—*Las más grandes Bendiciones*
- Serie Dos—*Sanación y Rejuvenecimiento*
- Serie Tres—*Iluminación: El Camino para alcanzar el Tao*

Estos libros te capacitarán aún más a través de El Poder de Trazado de la Caligrafía de la Fuente del Tao y El Poder de la Escritura para:

- recibir grandes bendiciones para todos los aspectos de tu vida de la Fuente Divina y del Tao
- recibir una gran sanación, nutrición y transformación; prevención de enfermedades; y rejuvenecimiento de su cuerpo físico, mental y emocional
- aprender la sabiduría del Tao para la purificación y alcanzar la iluminación del alma, el corazón y la mente

¡Te deseo el mayor de los éxitos en tu viaje con la Caligrafía de la Fuente del Tao!

	Tipo de Guión	Ejemplo	Utilice
1	Sello de escritura (篆书)	道	grabados y sellos decorativos
2	Escritura administrativa (隶书)	道	sabor artístico en una variedad de aplicaciones funcionales
3	Escritura semi cursiva (行书)	道	común en la escritura normal
4	Guión regular (楷书)	道	escritos oficiales o estándar y publicaciones
5	Escritura cursiva (草书)	道	extremadamente simplificado y escrito rápidamente; no es fácil de leer sin una formación especial
6	Caligrafía Tao Source (道书法, Tào Shū Fǎ)	道	Sanación, rejuvenecimiento, longevidad, y la transformación de la vida

Figura 1. Cinco estilos principales de caligrafía china, más la caligrafía de la fuente del Tao (Yi Bi Zi)

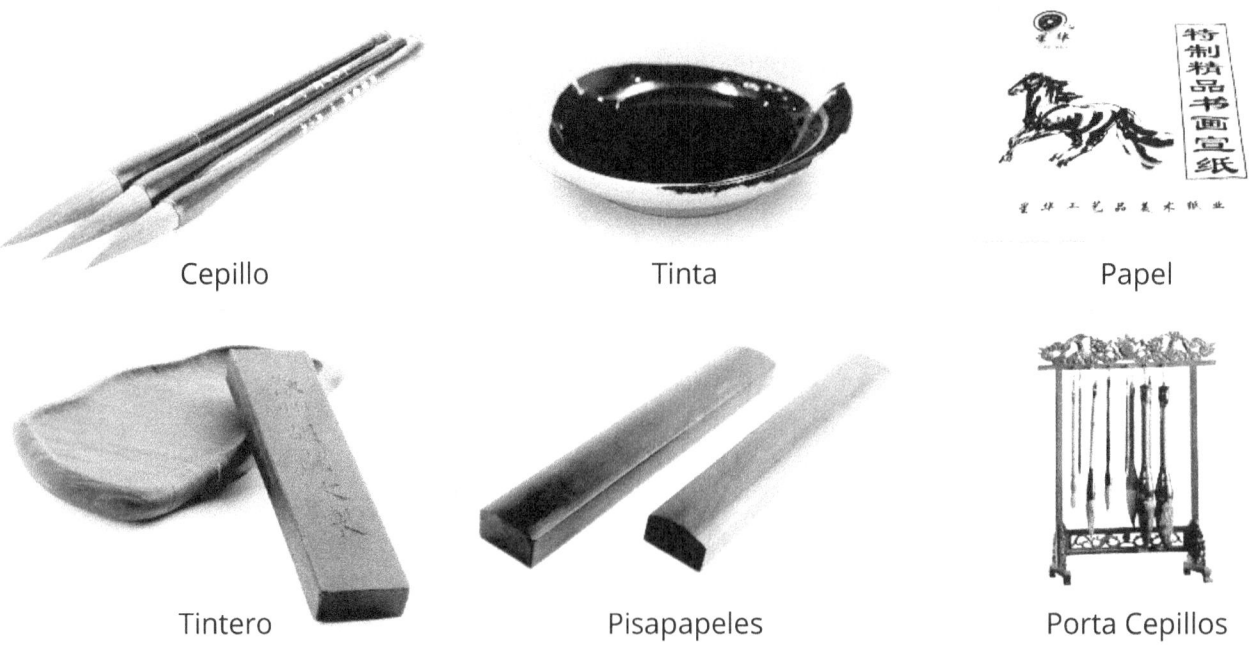

Cepillo

Tinta

Papel

Tintero

Pisapapeles

Porta Cepillos

Figura 2. Cuatro tesoros del estudio y otros accesorios de caligrafía china

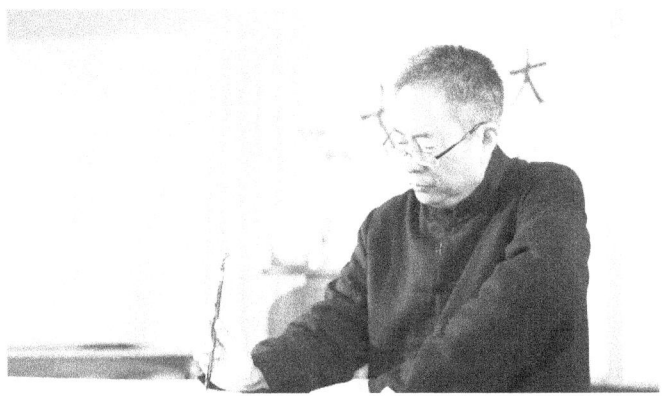

Figura 3. Escritura en postura corporal sentada

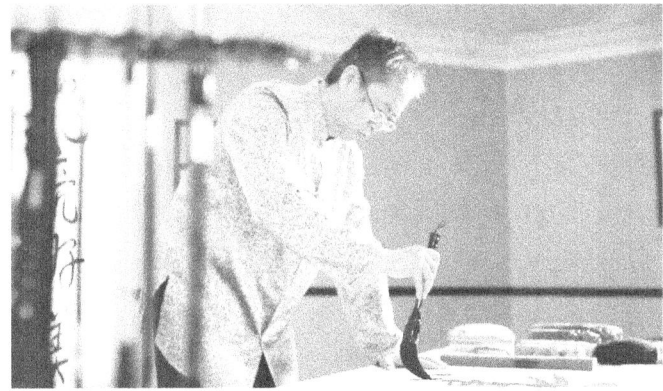

Figura 4. Escritura en postura corporal de pie

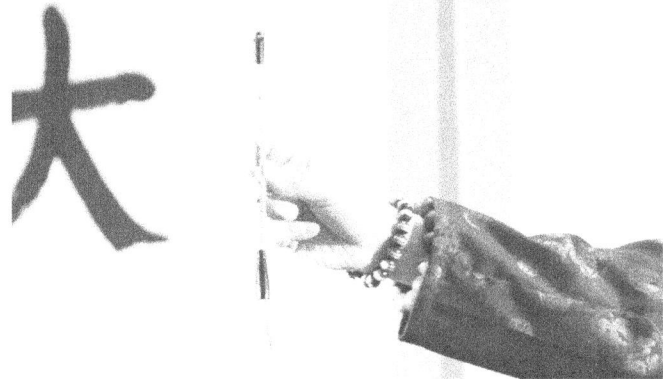

Figura 5. Método de cinco dedos en sostener el cepillo

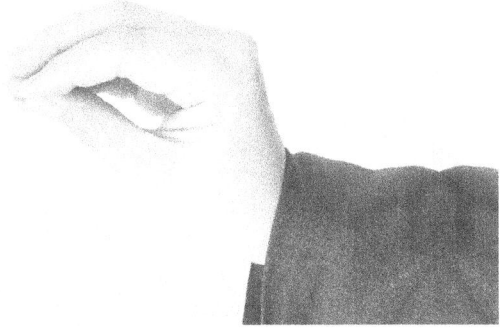

Figura 6. Técnica de Poder Trazar de los cinco elementos

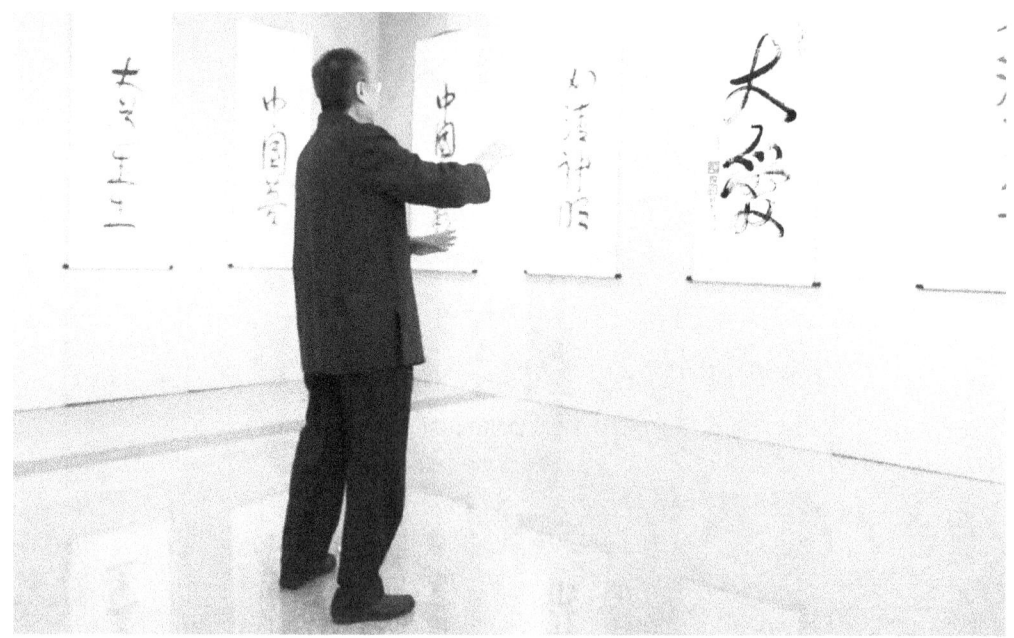

Figura 7. Técnica del Poder Trazar Dan

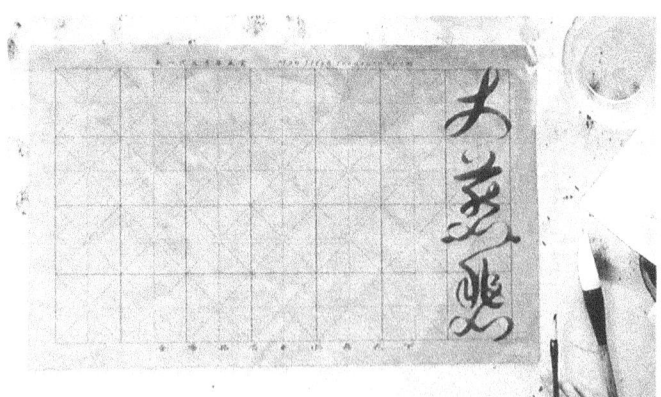

Figura 8. Paño de escritura al agua reutilizable

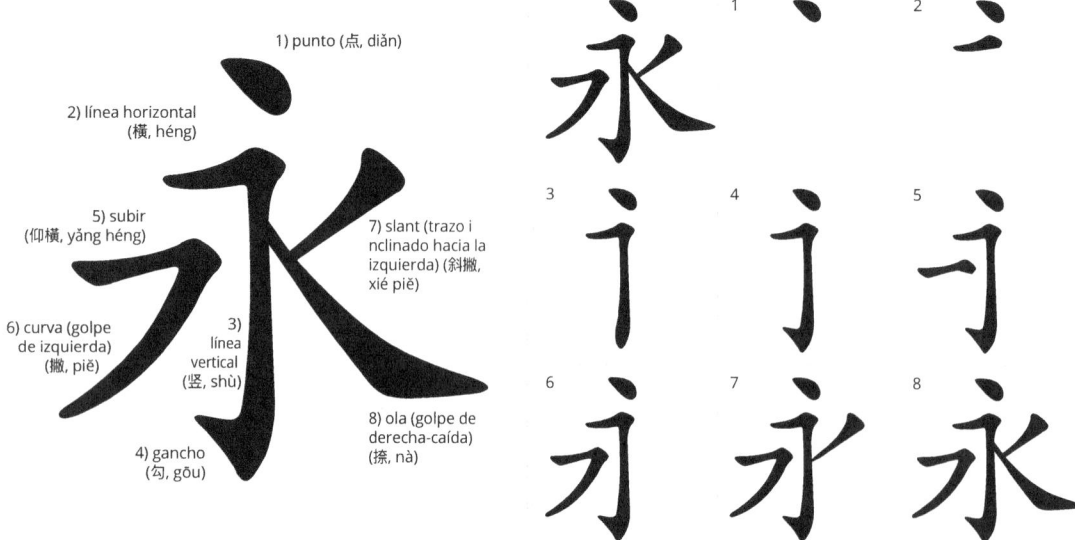

1) punto (点, diǎn)

2) línea horizontal
(橫, héng)

5) subir
(仰橫, yǎng héng)

6) curva (golpe
de izquierda)
(撇, piě)

3)
línea
vertical
(竖, shù)

7) slant (trazo inclinado hacia la izquierda) (斜撇, xié piě)

8) ola (golpe de derecha-caída)
(捺, nà)

4) gancho
(勾, gōu)

Figura 9. El carácter 永 (yǒng) y el orden de escritura de los trazos

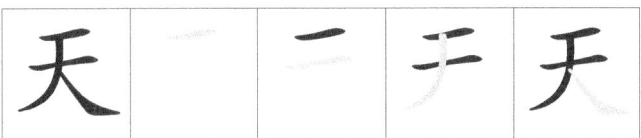

Figura 10. Orden de los trazos para 天 (tiān)

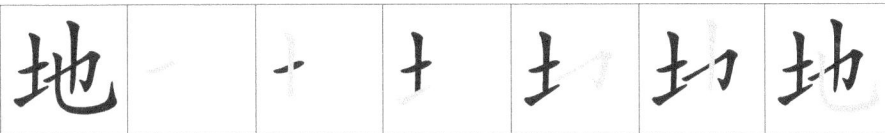

Figura 11. Orden de los trazos para 地 (dì)

Figura 12. Orden de los trazos para 十 (shí)

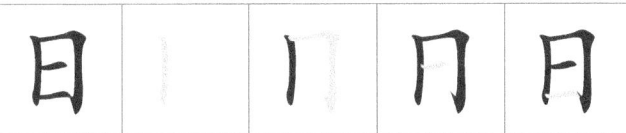

Figura 13. Orden de los trazos para 日 (rì)

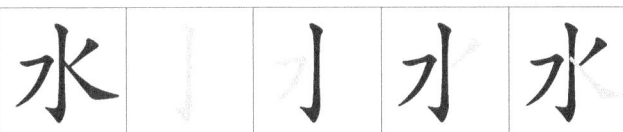

Figura 14. Orden de los trazos para 水 (shǔi)

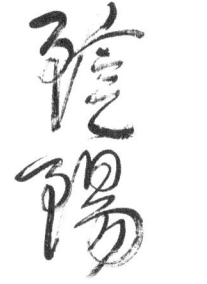

Figura 15. Yin Yang

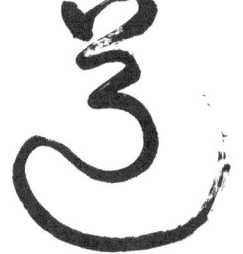

Figura 16. Tao

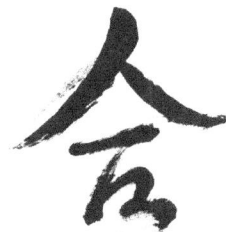

Figura 17. He

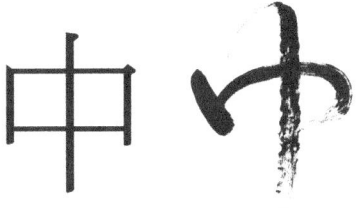

Figura 18. Zhong

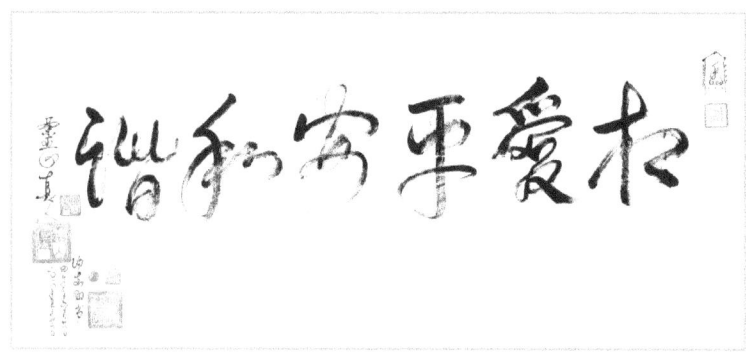

Figura 19. Cartel horizontal, *Xiang Ai Ping An He Xie*

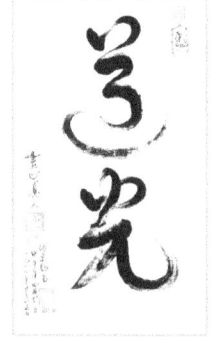

Figura 20. Pergamino central, *Tao Guang*

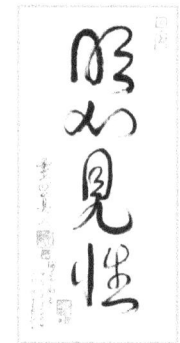

Figura 21. Pergamino vertical, *Ming Xin Jian Xing*

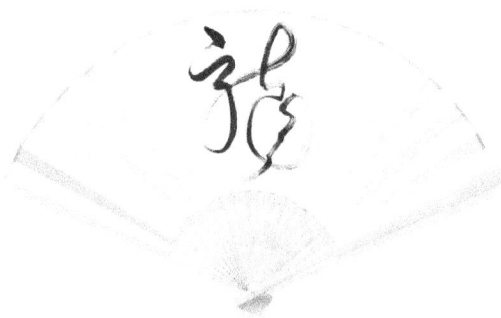

Figura 22. Cubierta de Abanico, *Long*

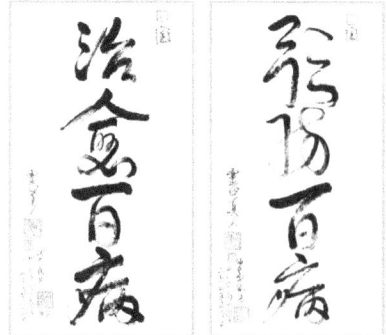

Figura 23. Pareja, *Zhi Yu Bai Bing,*
Yu Fang Bai Bing

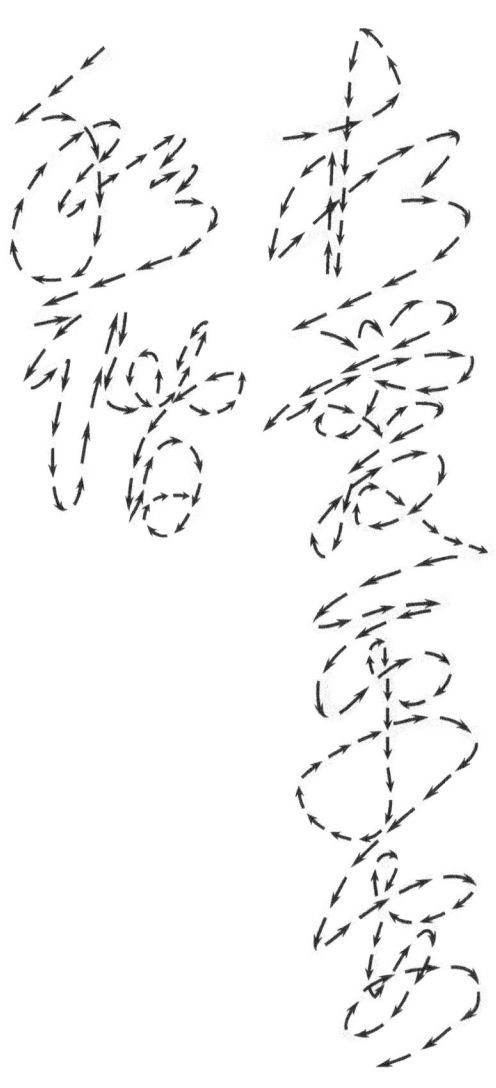

Figura 25. Vía de trazar de la Unicidad para
la Caligrafía de la Fuente del Tao
Xiang Ai Ping An He Xie

La Caligrafía de La Fuente del Tao Xiang Ai Ping An He Xie en la figura 24 es la única caligrafía de este libro que lleva frecuencia y poder de la Fuente del Tao. Las otras caligrafías representadas son sólo para fines ilustrativos. Práctica tanto como puedas con la figura 24.

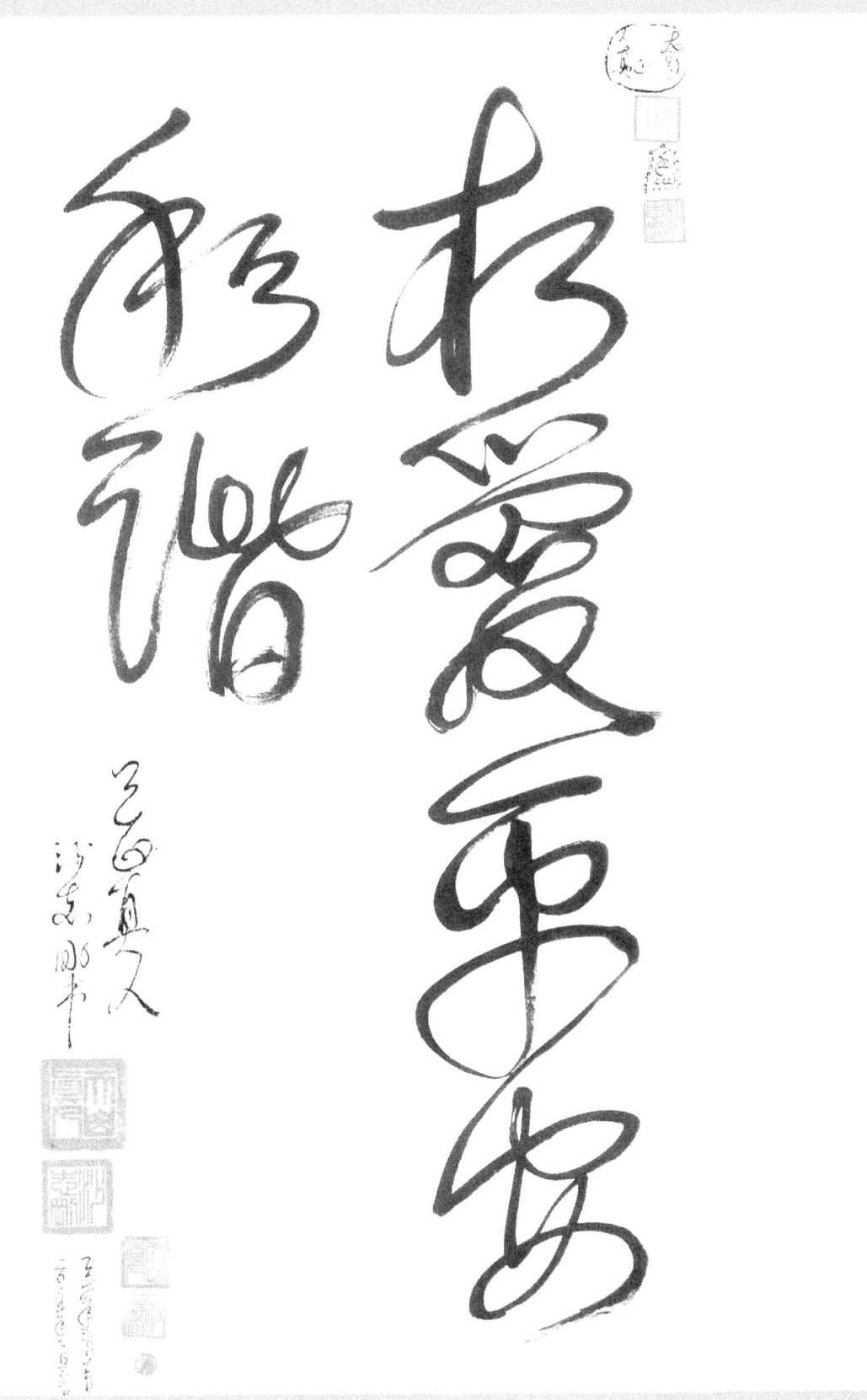

Figura 24. *Xiang Ai Ping An He Xie* 相愛平安和諧

www.ingramcontent.com/pod-product-compliance
Lightning Source LLC
Chambersburg PA
CBHW080137240526
45468CB00009BA/2505